Cho Su-Yun

시인 조수윤

코골이 행진곡

조수윤 시집

코골이 행진곡

시학
Poetics

■ 시인의 말

  책 한 권을 내기 위해 몇 번씩 교정을 보면서 느꼈던 것은 글 속에서만 내가 착해진다는 것이다. 현실은 못된 밴댕이인데 글 속에서는 세상 모든 이기심을 모두 이해하고도 남았다. 내 스스로가 위선자 같아서 밉다. 문자로 옮길 때는 분명 깨우친 바가 있었는데 썼던 것을 교정보며 읽고 있노라니 내가 글을 닮지 못한 것 같아 내 자신이 부끄럽다. 오늘은 꼭 시 속에 사는 '나'와 화해해야겠다.

2013년 가을
조수윤

차 례

- 시인의 말
- 작품해설 | 김재홍

제1부

유리잔 눈물방울　15
철들어 자석을 노래함　16
그댄 나의 유토피아　18
매미 어부바　19
코골이 행진곡　20
거울이 세상을 웃는다　22
바다 건너 공부하러 간다는 것은　24
그도 다르지 않았더랬다　25
볼펜으로 대영제국을 쓰다　26
혼자 먹는 밥　28
아버지 쓰린 속　29
사랑함수　30
너에겐 내가 없다　31
할머니와 목욕탕 가다　32
가족시계　34
새 꽁지 시그마에 n 하나 붙이면　35
콜라모녀　36
이른 바람에 끄덕이다　38

제2부

장맛비 포옹　43
참선 이사　44
내 재워 드리리　46
깊은 산에 숨어 있는 한 무덤을 바라보다　48
파도, 리셋 버튼으로 시작하는 새해　50
힘들 땐 기대세요　52
한 층만 내려오면　54
비어 있어도 늘 가득 차 있었다　55
어제로 돌아가는 밤　56
조건 없는 사랑　58
동글동글 안아 주세요　60
하얀 마음 평야에서 명상하기　61
물결표는 강물처럼　62
피고 지는 입술의 꽃　63
나무, 태풍 불다　64
마지막 철쭉　66
할머니 브라자　67
바람 불어 아프더라　68

제3부

여자의 일생　73
신데렐라 족쇄에 갇히다　74
여자에 관한 한 명상　76
마음 미용실　77
빌렌도르프의 파도　78
계산된 유혹　80
도시의 역사力士　82
어른 커피　83
텔레비전 켜 놓고 잠드는 밤　84
별빛 지도를 따라 밤길을 가다　86
하늘마음을 훔치다　88
시간의 뒷덜미를 찰칵 사냥하다　90
이별직감　91
머리에 꽃 달고　92
삼류 인생의 롤모델　93
내가 앵두 잼을 만드는 이유　94
인스턴트 휴식　96
콩고기　97

제4부

벌써부터 미래가 그립다 101
차가운 4월, 아 추운 그리움 102
실뜨기 건널목 104
상추씨 고마워 105
언니언니 네일숍 106
억울해 107
네 아빠? 우리 아빠! 108
짜증 난다 짜증 나 109
마카롱 그대 때문에 110
시도 때도 스피드 퀴즈 112
비·유리창·맺힌 114
야밤의 유혹 115
바다 캔 커피 116
성깔도배 117
새벽 아스팔트 길을 걷다 118
손가락 칼국수를 맛보며 120
하늘 지퍼를 풀다 121
우리의 신년회 122

제1부

유리잔 눈물방울

무색무취 고요한 유리잔 물거울
한 방울 내 모습은 어디로 가고
생의 골짜구니에서 점점 미지근해져 간다

오를 수 없는 유리 탈출구 아래에서 질식하는
나의 구름 위 야위어 가는 햇살 나날은
무뎌진 손자국들로 불투명해져 간다

그러나,
아 이제 가슴 깊은 곳, 얼음 정신을 살려 나아가자
물컵 밖 희망으로 마지막 꿈 부스러기를 긁어모아
유리잔 눈물방울 보석으로 갈아 가 보자

철들어 자석을 노래함

1
S극과 N극
굳이 구별하려고
빨갛게 파랗게 색칠해 놨건만
똑같이 쇠를 추구하면서도
상반된 성격
서로를 밀쳐 내면서도
꼭 한 면은 죽어라 붙어 있는 너희들

너와 나
개성 있으려 몸부림치며
뜯어고치고 아닌 척하지만
똑같은 사람이면서도
뭔가 다른 모습
상대방을 억지로 부정하면서도
서로 등을 마주하는
결국은 같은 속물

2
아무리 다르다고 주장해도
그것이 그것일 뿐 왜 서로 미워만 할까
다른 극끼리 붙여 놓을수록
강한 자력을 뿜어내는 자석마냥
우리도 손을 포개면 하나로
뜨겁게 끌어안을 수 있을 텐데

그댄 나의 유토피아

No where
그 어디에도 없는 줄 알았는데
Now here
바로 그대, 여기 있구나

매미 어부바

어부바 등에 업혀
할머니 가쁜 숨 식은땀으로
꿈에 젖어 자란 오줌싸개는
손 뻗어 매미도 잡을 수 있게 자랐는데
울 할매 허리는 굽이굽이 굽다가
시들어 주저앉았다

할마시 등에 기대
토닥토닥 심장 소리 자장가로
잠투정 삭히던 아가 매미의 오래된 여름은
구멍 숭숭 허물 껍질로 바스러지고
올여름 가뭄 이긴 쨍쨍쨍쨍 매미 고함은
울 할매 신음 소리에 묻혀 작기도 작다

코골이 행진곡

저 코 고는 사람에게 시끄럽다! 하지 마라
오늘 하루 전장에서 치열하게 싸우다 돌아온
영웅이기에 자축할 수 있는 것 아니겠느냐

ㄷ ㄹ ㄹ ㄹ 컹컹, 푸 ㅎ ㅎ ㅎ
ㄷ ㄹ ㄹ ㄹ 컹컹, 푸 ㅎ ㅎ 홉

오랫동안 최선의 노력을 담금질하여
우렁차게 깊어 가는 나팔의 울림
크레센도 점점 크게
데크레센도 점점 여리게

그 누구도 감히 끊지 못한 채,
달빛 조명을 어깨에 걸치고
두 눈을 감아 조용히 감상해야 하는
애절하고도 경쾌한 곡조

때로는 스타카토로

때로는 알레그로로
긴긴 시간 악기는 비바람에 헐기도 했지만
그 세월 이겨 낸 만큼 맑아지는 피로의 공명

저 코 고는 사람에게 닥치라! 하지 마라
내일 또 싸움터로 출격하여
살아 돌아오길 기도드려야 하는
개선 행진곡이리니

거울이 세상을 웃는다

약속 시간보다 일찍 도착
칼바람에 흐트러진 머리칼을 매만진다
손거울을 꺼내 거울 속 나와 눈싸움을 시작한다
잔주름 없이 탱탱한 얼굴
표정 없이 들여다보곤 단점만 짚어 내며
내가 나에게 풋풋한 투정을 부린다
출근길의 커리어우먼들에게서
느껴지는 원숙미를 시샘하며
그 정도면 주름살 몇 개와 젊음을 바꿀 수도 있겠다고
악마와의 거래를 상상해 보기도 하면서

문득 느껴진 시선에 고무줄 튕겨 뒤돌아보니
여느 카페 손님들처럼 일행을 기다리는 중절모 한 분
곧장 거울벽으로 시선을 내리꽂는다
흡사 영국 신사의 향기가 배어 있는 그 앞에는
에스프레소 한 잔이 놓여 있고
다리도 꼬지 않고 단정히 앉은 모습에선
봉함된 편지봉투의 정갈함이 느껴진다

우연히 거울벽에 비친 그분의 눈길과 마주치는데
거울을 들여다보는 노신사의 주름살이
가만히 세상을 웃고 있었다

바다 건너 공부하러 간다는 것은

심장에 태풍 소용돌이 요동치게 하는 일인가

내 고향 산천을 닮은 가족을 떠나
벽안의 백인들과 나란히 앉아
함께 눈을 깜박깜박일 것을 생각하면
배꼽 아래를 봄바람이 간지르르

때로는 떡갈나무 솟은 이방인들에게
겨울 비바람에 내 살갗이 찢길 것만 같아
섬뜩한 두려움에 뒷목이 서늘하지만
아는 게 없어 용감한 마음이 하늘을 찌른다

백발명중 특전용사가 된 것마냥
두 눈에 힘을 주어 지구본을 노려보면
전 세계가 내 것 같다가도 광활한 바다에
휩쓸려 무인도에 표류할 것만 같다

오르락내리락 뒤죽박죽 심경을 추스르니
유학길 나설 내 심장이 뜨겁게 소용돌이친다

그도 다르지 않았더랬다
— Wordsworth grammar school

바다같이 넘실대는 호수 Lake district
Hawkshead 있는 영국 문호
William Wordsworth가 다녔던 학교
Wordsworth grammar school

물 대신 맥주를 마시고
쉬는 시간엔 투계를 하고
식사 후엔 다 같이 담배를
피웠다는 그 시절의 초등학교

아주 낮고 긴 책상 위에서 워즈워스는
얼마나 열심히 공부를 했을까 상상해 보는데
워즈워스 자리에 앉아 있는 곰 발바닥 낙서
역시 문호는 제 이름 앞에 과감하더라

화장실 갈 필요도 없이 이슬만 먹었을 문호도
철없는 유년이 있었다는 것을 알고 나니
아무도 몰래 호주머니 속에 꼭꼭 감춰 둔
나의 꿈을 슬며시 잡아 본다

볼펜으로 대영제국을 쓰다

.

1
뾰족 펜으로 써 놓으면 비에 젖어 번져 버리는 나라
잉크 펜 대신 유성볼펜을 쥐고 쓴다
뭉뚝한 펜촉으로 뭉뚝한 글씨를 쓰는데
어느새 나도 뾰족한 성미를 잃어 버렸나

마음이 급하지 않다
뭉뚝한 펜촉 걸쭉한 잉크로 꼭꼭 눌러쓰니
머릿속에 꼭꼭 와 박히는 한마디, 한마디

2
한국에 돌아와 뾰족한 촉으로
일기를 써 보려니 하이힐을 오랜만에 신은 양
중지가 아프고 손목이 후들거린다

잉크 펜을 내려놓고 볼펜 꼭지를 누른다
볼펜을 쥐고 어디 다시 잘 써 보겠다고
기지개를 켜는 순간 어이쿠,

옷소매에 묻어난다

볼펜은 물에 지워지지 않는데 볼펜이 왠지 더 편하다
옷소매에서 지워지지 않을 찐득한 내 지난날의 자국
가슴이 찡하다

혼자 먹는 밥

라면 맛이 쓰다, 한 입만 달라 졸라대던 동생 미운 젓가락이 아른거린다

아버지 쓰린 속

한잔 거나해져 들어오신 아버지
껄껄 웃으시지만
속은 식식 타들어 가는 지옥 불구덩이

수궁 여행 간 토 선생의 거짓부렁처럼
우리 아버지 휴식 없는 간도
들였다 내였다 되면 얼마나 좋을꼬

울 아비는 언제부터
코카서스 바위로 길을 떠났나
한 잔 두 잔 날밤마다 즐거이
왜 독수리의 안주가 되는 것인가

속이 쓰리다
늦은 밤 휘청휘청 방문 너머로
들려오는 아버지 노랫가락이 쓰리다

사랑함수

그대가 물은 y에 x제곱을 더해 답하는 것이리니

너에겐 내가 없다

내 마음 속엔 늘 네가 살았고
네가 좋아하는 색,
네가 즐기는 음식,
너의 나로 바꿔 지은 집이 있었는데

나는 네 안에 없더라
좋은 집이라 생각했건만
나는 어디에 있으면 좋을지
신발조차 못 벗고 서성였다

너의 대문 앞에 서서 한숨 쉬려
한껏 들이마시는데
마실 공기조차 없었구나

할머니와 목욕탕 가다

할머니의 우스갯소리 따라
연중행사처럼 목욕을 간다

세월의 약력을 가리우는 옷가지들을
한 겹 한 겹 벗을 때마다 읽어 내릴 수 있는
할머니의 고생길 굽이굽이
소맷부리에 숨어 있던 화상 자국과
살이 뭉개져 늘어진 젖가슴에는
사남매의 미소가 새근새근 밀물져 온다

탕에 들어가 몸을 불리며 묵은 때를 밀어낸다
코흘리개였을 적 머리부터 발끝까지
할머니께 몸을 맡겼던 기억에 기대어
등을 내어 드리는데, 갈대가 쓰다듬듯
연약한 느낌이 서글퍼 눈이 아리고 맵다
자리를 바꿔 등을 밀어 드리려는데
때는 안 보이고 척추뼈 마디마디 성성한
늙은 개의 굽은 등성이만 보인다

목욕 마치고 개운한 기분으로 할머니랑
짜장면 곱빼기 먹을 생각에 목이 멘다

가족시계

1
―자 이거 한 칸이 5분이고 한 바퀴가 60분이야
긴 게 한 바퀴 돌아야
짧은 게 한 칸 가는 거야
―이거는 왜 100개가 아니고 60개뿐이에요?
―너 힘들지 말라고 40분 깎아 줬나 부지, 뭐!

2
시간은 흘러 흘러 폭포 물살로 흘러구러
할머니 시침 하루 두 바퀴
안방구석 속에서 지루하게 몸을 굴려 가고
손녀 분침 하루 스물네 바퀴
안으로 밖으로 정신없이 돌아댕긴다

 하루에도 몇 번씩 확인하는 손목시계 벽시계
  스물네 번 마주 보는 시침과 분침이 태엽으로 묶여
만난다

새 꽁지 시그마에 n 하나 붙이면
― 기호에 대한 명상 시그마 Σ

견우직녀 발아래
아무것도 아니었던 깃털 몇 가닥이
무한대로 셀 수도 없는 새 떼 되어
하늘 가득 메꿀 수도 있겠다

칠월칠석 새 꽁지 닮은 시그마로
까치고 까마귀고 까맣게 까맣게 티끌로 모여
태산 같은 오작교를 꽁지 천지로 만들면
일 년 만에 만나는 견우직녀의 한숨사랑

새 한 마리 미미한 시작이었지만
칠월칠석이 되면 세상의 모든 꼬맹이들에게
어김없이 들려주는 아름다운 미리내 사랑 이야기
그 밑을 받쳐 주는 n마리 새들의 눈물비

콜라모녀
— 커튼 쳐라 반찬 짜다 답답하다 시끄럽다 병석에서 트집쟁이 되신 철없는 우리 할머니

감자 반찬이 맘에 안 드신다며
수미감자로 다시 해 오라는 투정 말씀에
시장으로 도망치듯 벗어나는 엄마와 나

—우리 엄마 원래 안 저러셨는데…… 잘해드려야 하는데…… 어쩜 좋아 나 못된 딸인가 봐…… 나도 할머니 돼서 할머니같이 되면 어떡하니? 그래도 미워하지 마 응?

할머니 되려면 한참 먼 엄마는 벌써부터 걱정투성이

—괜찮아 괜찮아 엄마가 할머니 됐을 땐 나도 엄마 같은 엄마가 돼 있을 거야…… 지금보다 서른 살쯤 더 먹어서 그때 되면 김빠진 콜라처럼 덜 쏘겠지 하하
—푸하하 야 콜라 김빠지면 맛없어~ 맛없는 소리 말고 감자나 골라!

엄마 한숨 웃음으로 걸러 놓고
할머니 심술같이 예쁜 감자
수미수미 골라 산처럼 담는다

이른 바람에 끄덕이다
— 재킷 안주머니에 무겁게 넣어 놨던 회중시계를 꺼내 덮개를 걷어 내다

틱탁틱탁
가벼운 초침 소리에 맞춰
시침과 분침은
어느새 민들레 홀씨가 된다
어디론가 떠―나―간―다

분분하게 허공을 떠돌던 포자는
마음 가는 곳에 조용히 내려앉아
재킷 속에서 케케묵어 가던 목숨의 찰나들을
훌훌 털어 버린다

다시 비가 내리고 땅이 풀려
꿈이 고개를 들 때 비로소
시계 덮개가 무거운 암흑이 아니라
포근한 어스름이었다는 것을
그제야 알―아―간―다

저물녘 이른 바람에

민들레 투명한 얼굴이 저 혼자 끄덕인다

제2부

장맛비 포옹

우산살로 박대받던 장맛비

아래로 아래로 흐르고 흘러
계곡물 되고 바닷물 되더니

한여름
나그네들의 그늘이 되어
뜨거운 가슴을 시원하게 내어주더라

참선 이사

집게처럼 등에 집을 지고 살면 얼마나 좋으랴
사람이라 그럴 수 없다는 게 아쉽다
조금 쉽게 이사하자고 묵은 살림을 걸러 낸다
고르고 골라내도 끝없이 나오는 허섭스레기들
먼지를 뒤집어쓴 시간의 포로들을 보니
허기를 달래려 악착같이 모아 대던 지난날이 부끄럽다

천수를 다한 세로쓰기 소설 전집
벌써 저세상으로 보냈어야 할 구멍 난 양말 내의들
때를 알고 족쇄를 풀어 보내 줬어야 했는데
손아귀 힘만 발달한 주인이라서
쥘 줄만 알았지 펼 줄을 몰랐다
아귀도 이런 아귀가 없다

욕심을 버리지 못해 해양 심층에서
허우적대며 발버둥 친 나날들
납덩이 욕망을 떨치고 수면으로 떠오르니
아가미가 상쾌하다

이사를 와서 정리하는데도 끊임없이 나오는
마음 속 찌꺼기까지 떼어 내면 해발 3000미터에서
참선하는 스님 머리처럼 마음이 가벼워지겠다

내 재워 드리리
— 『도덕경』 11장에 부쳐

1

三十輻共一轂　當其無有車之用
埏埴以爲器　當其無有器之用
鑿戶牖以爲室　當其無有室之用
故有之以爲利　無之以爲用*

비어 있기에
수십 수백 사람을 품어 안는 건물들
내 마음의 문을 두드려 본다

2

부숴 버리리라, 나를 분노케 한 자
주먹망치 휘둘렀더니
내려앉는 건 내 빈 가슴뿐이더라

오늘 저녁에는
그자들, 내 마음집 툇마루에 초대하여

차 한잔, 술 한잔 기울이고
손님방에 재워 드려야겠다

---

* 서른 개의 바퀴살이 바퀴통에 연결되어도 비어 있어야 수레가 된다
  찰흙을 빚어 그릇을 만들어도 비어 있어야 쓸모가 있다
  창과 문을 내어 방을 만들어도 비어 있어야 쓸모가 있다
  그런고로 사물의 존재는 비어 있음으로 쓸모가 있는 것이다

깊은 산에 숨어 있는 한 무덤을 바라보다
— 기호에 대한 명상 마침표 .

겨울산 속에 누군가의 마침표 하나 찍혀 있다
주어 술어 한 짝씩 가난한 짚신 문장도
다이아몬드 오팔 빛깔 잘난 것들도
무겁게 찍힌 마침표가 되어서

쉿—
조용히 누워 있다

언제 끝날지 모르는 문장 같은
터널 안에서
불같이 달리다가도 결론에 다다르면
누구든지 마침표 앞에 무릎을 꿇어야만 한다

하지만 마침표는
또 다른 시작을 암시하기에
왕릉을 올려다보는
애기무덤은 슬퍼하지 않는다

하얀 눈을 깔고 그 위에 꽃을 피우며
다시 새로운 문장이 시작될 것을 알기에
마침표 정수리 끝에 누워 동그랗게 동그랗게
낡은 꿈을 말아 새 꿈을 꾸고 있다

파도, 리셋 버튼으로 시작하는 새해

1

헌 해 365일이 달력 한 장으로 찢겨 넘어간다
새 달력 걸고 신년계획을 세우는데
불현듯 떠오르는 작년 이맘때 신년계획
게으름으로 잘도 갉아먹었더랬다
―또 지키다 말 거 뭐하러 짜나

2

실패로 뭉그러진 자국이 아무리 생겨도
백사장은 도전이 두렵지 않다
쉼 없이 인파에 짓밟히는 땅바닥이지만
엄마 손으로 상처를 문질러 주는 파도가 있기에
모래는 또다시 새하얀 처음을 꿈꾼다

볕들 날 언제 오리 싶은 한량에게도
출발이 두려운 겁쟁이에게도
과거가 부끄러운 죄인마저도
일 년에 꼭 한 번은 '1' 부터

다시 시작하는 새해가 온다

3
명치에 붙어 있는 리셋 버튼은 눌러 보자
조금은 아프게 힘주어 눌러 보자
리셋 된 전자오락기가 첫 타자를 기다리듯
'1'이 되어 기다리고 있는 새해의
눈부신 주인이 되어 주자

힘들 땐 기대세요
― 벽에게

어느 누구도 혼자는 아니라고 했던가
하늘 아래 혼자 외톨이로 서 보는 날도
하늘만은 함께 있어 준다고 누가 그랬던가
그런 하늘을 머리 들어 쳐다보는데
하늘마저 날 외면하고 있다는 그런 생각이 들 때가 있다

그럴 땐 고개를 갸우뚱 기울여 본다
내겐 아무도 없나 실의에 잠겨 이리저리 밀리다 보면
머리에 닿는 것은 우두커니 서 있는 벽뿐
꼿꼿이 서서 천장을 떠받치는 벽만큼 외로운 이가 있을까
벽의 노고를 알아주는 이, 세상에 있을까

언제라도 힘들 땐 서로 기대자고
단단한 어깨를 빌려 줄 준비가 되어 있는 벽이 있다
하늘을 쳐다봐도 위로가 되지 않는 그런 날엔
어느 벽에든 고개를 기울여 기대어 보자

벽이 내게 기댈 수 있게 내가 벽에 기댈 수 있게
 기울인 고개와 어깨를 맞대고 서로의 외로움을 둘로
나누자

한 층만 내려오면

한
계단
두걸음
올라가면
언젠가에는
하늘끝에까지
올라갈것만같다
하늘끝에천년만년
머무를꿈생각을하니
하늘끝엔발놓을층계뿐
그아랜소용돌이아찔절벽
백두산천지오르듯이힘들게
무릎이시리도록열심히그렇게
올라왔던층계였는데기다리는건
그저수직하강해버리는번지점프대
뒤돌아서내려가면되리라고생각해도
여태까지시간이가루가루되는게아까워
오가도못하는데다리는왜이리후들거리나
아껴뒀던자존심한층계만물러내려와앉으니
나마냥올라오는사람도보고계단옆화단에피는
꽃보고나비도보고계단위로번지는노을구름보니
뒷목에식은땀이시원하고요동치던가슴도잔잔하다
15센티한층차이가이렇게나컸나싶어서뒤돌아다시금
올라가려니거기보다여기가높편하니한소끔자고가련다

비어 있어도 늘 가득 차 있었다

몇 시간의 수업 동안 그들을 실었던 강의실 배는
별이 수놓인 하늘을 이불 삼아
새벽 강을 흘러가고 있다
바람 부스스 일어나 어제를 돌아보며
강의 내내 교수들이 쏟았던 고뇌를
학생들이 내뿜던 열정을 되뇌어 본다

어느새 강의실은 그들의 자궁이 된다
4년이란 긴 산고를 함께 겪고
세상에 나가 온갖 역경을 이겨 낼 힘을
두 주먹에 불끈 쥐어 준다
그렇게 수도 없이 많은
의사를, 건축가를, 법률가를, 배우를 세상으로 내보냈다
지금도 새로이 출산할 배아를
고이고이 가슴에 품고 있다

강의실은 비어 있다
비어 있어도 언제나 가득 차 있다

어제로 돌아가는 밤

눈을 감으면 자꾸만 아까가 보인다
어제가 보인다 지난해의 옆모습이 보인다

왜 나는 용소의 며느리*가 되는가
왜 자꾸 오르페우스**의 노래가 들려오는가
에우리디케***를 어서 만나보고 싶고
다 놓고 온 세간이 아까워도
돌아보면 쓸데없는 일임을 알면서
왜 이 한밤 잠 못 이루는가

동굴을 벗어나 그녀의 손이 잡히면
언덕 끄트머리에서 강 건넛마을이 보이면
그때, 지난날을 돌아봐도 늦지 않으리니

눈을 감으면 자꾸만 어제의 얼굴이 떠오른다
그때가, 그대의 흐릿한 그림자가 보인다

* 옛날 충남 연기군 진의리에 아주 큰 부자가 살았다. 부자는 부인과 아들이 죽어 며느리와 단 둘이 살고 있었는데 어느 날, 노승이 시주를 하러 왔다. 그 부자가 마당에서 일하다 노승을 보고는 홀대하며 줄 것이 없으니 나가라고 호되게 야단을 쳤다. 노승은 선심을 베풀어 달라고 끝까지 부탁했지만 부자는 삽으로 두엄을 노승의 얼굴에 끼얹었다. 이 광경을 보고 있던 며느리는 노승을 도와주고 싶었으나 시아버지가 하는 일이므로 가만히 지켜볼 수밖에 없었다. 어느 날, 노승이 다시 그 집에 찾아왔다. 때마침 지독한 부자는 없고, 며느리만 집에 있었는데 노승이 또 시주를 부탁하자 며느리는 후하게 대접을 해 주고 쌀도 시주했다. 노승은 너무 고마워 몇 번이나 합장하고 며느리에게 이 마을에 대홍수가 질 것이니 재산에 미련을 두지 말고 산으로 올라가 피하라고 일러 주었다. 또한 산에 올라가는 길에 누가 불러도 돌아보지 말라는 말도 함께 덧붙였다. 과연 노승이 말한 날짜에 비바람이 몰려들어 이웃에 있는 집들이 둥둥 떠내려가기 시작했고 궁궐 같던 자신의 집도 떠내려가기 시작했다. 며느리는 시아버지에게 노승의 말을 전하고 함께 산에 올라가자고 했으나 시아버지는 재산에 미련을 버리지 못하고 남는다고 고집을 부렸다. 며느리는 하는 수 없이 혼자 산으로 뛰기 시작했다. 노승이 시킨 대로 뒤에서 고양이 우는 소리가 들려도 돌아보지 않고 산 정상까지 올라가다 뒤돌아보는 순간 거기서 그만 바위로 변해 버렸고 며느리의 집 주변은 호수가 되었다. 그것이 지금도 있는 '며느리 바위'다.

** 아내를 찾아 명계冥界로 내려가 하프 솜씨를 발휘하여 그의 연주에 감동한 명계의 왕 하데스로부터 아내를 데리고 돌아가도 좋다는 허락을 받아 냈다. 그러나 지상에 돌아갈 때까지는 아내를 돌아보지 말라는 약속을 어긴 탓으로, 에우리디케는 다시 명계로 사라진다.

*** 오르페우스의 아내.

조건 없는 사랑
— 요크민스터 사원* 태양 아래에서

민소매에서 양털 부츠까지 예측 불허한 날씨
제각각 대비하고 나온 사람들이 어울려 쏘다니는 거리

평소와 달리 땀이 나게 하는 뜨거운 날씨
뙤약볕이 거리에 울려 퍼지는 음악을 팽창시킨다
햇살이 도달하지 못하는 사원 뿌리 등잔 그늘 아래에는
선글라스 없는 사람들 이맛살을 쉬게 한다

원수를 사랑한 예수의 마음으로 그늘이 물결치는
대성당
많은 사람들이 햇볕우산을 쓰고 옹기종기 서 있다

속삭임 부드러운 그늘로 최고의 설교를 하던 예수의 지혜
목청껏 믿으라고 강매하는 전도사들이 배워야 할
하느님 아버지의 조건 없는 사랑

종교가 없는 그 누구라도

묶어 놨던 미간을 풀어 스테인드글라스를 우러러보고
성당 푸른 종소리에 귀를 기울이며
십자가, 너와 나의 교차 속에서 편안함을 느낀다

---

* 잉글랜드 노스요크셔 카운티county 요크에 있는 영국 대성당.

동글동글 안아 주세요
― 기호에 대한 명상 괄호 () 〈 〉

꺾쇠괄호 두 팔로 주리 틀리다
옆으로 옆으로 늘어만 가는
쑥대머리 수다를 싹둑 자르며

콘크리트 침묵을 깬 당신 말씀 한마디에
마른 논을 적시는 비를 본 농부가
갈걷이 기쁨에 미리 젖어 드는 것마냥
쏟아 낸 주책이 듣기 싫었나

이젠 바가지 주책 듣기 싫으면
딱딱한 꺾쇠 팔로 묶지 마시고
동글동글 괄호로 안아 주세요

두리둥실 포근히 품어 주시면
미안한 마음에 돌아보실 제
조용히 그 자리에 꽃처럼 서 있을게요

하얀 마음 평야에서 명상하기
— 연필로 몸을 굴리며

하얗게 탁 트인 종이 옆에 누우면
난 어느새 자유인이 된다

볼펜 두 팔을 올려 뻗어 얏!
기합 한 판 지르고 나면
종이에 울려 퍼지는 파랑파랑 산울림

날마다 가방 속에 갇혀 있던 서러움과
내 멱살 움켜잡던 손아귀의 검은 공포로부터 벗어나
시원하게 호연지기 소리치고 나니
어느샌가 후련한 마음이
하얀 눈물로 파란 파란 메아리를 지우고 있다

다시금 흔들리는 마음을 추슬러
흰 종이 옆에서 거울 명상에 잠긴다

물결표는 강물처럼
— 기호에 대한 명상 물결표 ~

대륙을 가로지르는 강물은
함부로 건널 수 없게 세상을 두 동강 내지만
지면 위의 물결은 갑과 을 사이의
진공을 채우는 오색의 스펙트럼인가

에서 까지 부터 으로
단 한 번 출렁이는 물결이건만
두 팔을 내리뻗어 양극단을 끌어안는
저 드넓은 물결표의 포용력을 보아라

오른쪽으로만 향해 흐르는 강은
이어질 수 없는 운명이라고 생각했던 것들을
파도타기로 물결 물결 연결시킨다

시간도 공간도 뛰어넘어
한 아름으로 받아들이게 하는 저 강물은
뇌리에서 온 세상을 둥글게 둥글게 말아 흐르고 있다

피고 지는 입술의 꽃
— 밤샘 작업으로 생긴 입병을 생각하며

시커먼 새벽에 별을 따 먹고 반짝 돋아난 너
그래서 뾰족뾰족 노란 별인가
눈곱만큼 피었을 때 시들기를 바랐건만
꿋꿋이 떡잎을 밀어 올려 자리를 잡았구나

밤새 손가락 끝에서 장미를 피워 내려
별 아래 서 있는 동안
볼을 꼬집어 잠을 쫓아 주던 불의 꽃
가시 없이 살 찔러 날 깨워 주던 너

창백한 초승달이 풍만해지도록
하얀 화분에 장미꽃잎 한 장 한 장 붙이며
홀로 새는 밤이 외롭지 않게 친구 해 주던 너

고요한 새벽에 화분을 완성하고 쓸쓸히 기뻐할 때
시기 없이 만개한 별빛 꽃다발로 축하하는 너
그리곤 조용히 시들어 가는 벗이여

나무, 태풍 불다

간밤 사정없이 머리카락을 쥐어뜯더니
술주정 부린 태풍 때문에 느티나무
아름드리 두개골이 박살 나 뽑혀 버렸다

미련을 놓지 못해 땅을 움켜쥔 밑동에는
동그란 나이테가 켜켜이 포개져 있다

동그랗게 쌓아 온 나이만큼 사귀어 왔을 시간과 친구들
그들이 떠나갈 때마다 깊어 가던 고독과 허무감
나무는 무쇠갑옷을 내려놓으며 마음이 가볍다

기둥에는 올여름 신나게 울어 젖히던
면류관 눌어붙어 있고
가지에는 가을 되며 찾아온
까치 둥지가 지어지다 말았지만
이제 추억만 남겨 두고 가 버린 이들을
그리워하지 않아도 된다
그도 나도 이제 훨훨 털어 버리고 날아갈 터이니까

나무에게 찾아왔던 만남이 이별이 되었듯이
이제 나무는 태풍과의 만남을 끝으로
이 세상 모든 것들에게 손을 흔들며 떠나간다

마지막 철쭉
— O. Henry에게

먼지 앉은 할머니의 휴대전화 벨소리가 요란하다
친구 전화를 받는 할머니 목소리가 가늘게 떨리고
전화 음성은 그들의 친구가 죽었음을 알렸다

5월 늦봄의 화단, 철쭉꽃 모가지 하나 툭, 떨구어지고

자는 듯 갔다는 친구를 할머니는 부러워했다
처녀 적에는 얼굴이 예뻐서 늘 부러웠던 그년인데
가는 것도 참 부럽게 갔다며 눈물로 시샘했다

화단 가득 피고 지는 철쭉을 하염없이 바라보는 시선엔
한숨 지며 이불을 움켜쥔 마지막 잎새의
늙은 그 소녀가 오두마니 앉아 있었다

할머니 브라자

할머니 늘어진 브라자
갓난쟁이 넷을 품어 안아 온
그 가슴 오늘도 묶고 있는

무겁게 느—러—진 가슴 두 짝에는
다 큰 자식 걱정이
주렁주렁 매달려 흔들린다

바람 불어 아프더라
— 반려견 '꽃송이'를 그리워하며

1. 이젠 멀리 떠나려무나

봄 맞아 시샘 꽃바람 불더라
네가 떠나간 겨울 칼바람은 차갑고
보들보들 봄바람에 흔들리는 눈망울 꽃잎만
내 눈엔 너의 꼬리 인사로 남아 있는데

하루 종일 홀로 집 안에서 답답했던 것만치
멀리멀리 내 곁을 떠나려무나

2. 그리도 미안타

내 전화 벨소리를 배웅의 인사말로 알아듣고
소리 없는 노을로 날아간 너
여행길에 쓸 노잣돈은커녕 그리 좋아하던 사과 한 알
간식으로 먹여 보내 주지 못한 것이

그리도 미안타,

네가 있는 그곳에도 낯선 바람 불고 있겠지
늘 네 곁에 꽃바람만 하늘거리라 바라며 두 손 모은다

제3부

여자의 일생

여든 먹은 여자
립스틱 높이 세워 자존심 짙게 바른다

신데렐라 족쇄에 갇히다

왠지 예뻐 보이고 싶은 날
예뻐지고 싶은 만큼 구두 굽을 높여 신는다
각선미를 위해서 7센티, 12센티 심지어
계단 한 칸 15센티도 상관없다

줄타기 곡예사도 이런 기분이었을까?
보도블록에 굽이 낄세라
중심을 잃고 나뒹굴어질세라
조심조심 걷다 보니 어느새 하이힐 제한시간

신데렐라의 유리구두 한 짝이 벗겨진 것은
마법이 풀릴까 봐 서둘렀기 때문도
왕자와의 만남을 기약하기 위해서만도 아니다
다만 새 구두 때문에 생긴 아픈 물집 때문!

어금니 꽉 깨물고 앞꿈치 고통을 참아 내며
내 각선미, 내 스타일, 내 자존심을 지키고 싶다
사뿐사뿐 하이힐 신고 귀부인처럼 걷다가

도둑고양이처럼 화장실 변기 위에 숨어들어 앉아
체중을 못 이겨 물집 잡힌 발을 주무른다

재투성이 아가씨도 유리구두로
왕비가 됐다는 해피엔딩을 즐거이 상상하며
아무 일 없다는 듯 구두에 아픈 발을 쑤셔 넣는다

여자에 관한 한 명상

젊음을 탐하는 눈주름은 오늘도 목이 마르다

마음 미용실

머리를 다듬었다
허리까지 기를 생각으로 두었던 머리를
단발로 확
자르려다가 상한 머리만 다듬었다

머리를 다듬는 순간은 생각보다 길었다

사람 마음도 머리카락처럼
상한 부분만 잘라낼 수 있으면
얼마나 좋을까 하고
뇌이고 되뇌었다

빌렌도르프의 파도

1
호붓한 김이 오르는 계곡에는
우윳빛 아가씨도 있고
거울을 혐오하는 여편네도 있다

매끈한 모래시계를 보란 듯 닦아 내는 저 아가씨
안에 숨어서 몰래 내다보는 아줌마
물속에서 살결 치는 어깨 가슴 배
그들은 몸을 본다

모래가 다 쏟아지는 동안
바다의 마음은 출렁댔으나
어느새 중심을 잡은 그들

2
갈라진 대륙의 상처를 쓰다듬는
태평양 파도 물결은
심해저에서 울컥해 오는

용암의 뜨거운 성장을 품는다

물결 앞에서 일궈진 인류의 문명은
그대의 보드라운 배꼽 언저리에서
빌렌도르프의 비너스*를 꿈꾸며 시작되었으니

찰나를 재려는 모래시계 따위는 부러워 마시게

---

* 여성의 모습을 묘사하고 있는 이 유물에서 가장 특징적인 점은 유방과 복부, 둔부를 과장한 표현이다. 가슴 위에 올려놓은 팔은 거의 눈에 띄지 않을 정도이며 땋아 올린 머리 아래에 있어야 할 눈은 아예 조각되지 않았거나 머리에 가려 보이지 않는다. 이러한 여성의 인체 묘사의 왜곡, 특히 생식과 관련된 과장된 묘사로 인해 이 조각상이 사실적인 인체의 모습을 나타내려 한 것이 아니라 출산을 상징하는 원시적인 주술의 도구, 혹은 숭배의 대상이라는 의견이 지배적이다.

계산된 유혹

저녁 식사 배 터지게 실컷 했어도
커피 한 잔에 애플파이 한 조각을 먹어야 뿌듯하다
일말의 목표를 완수한 내장을 무장해제 시키는 달콤한 후식

밥투정하는 아이가 할머니 손맛으로 무친 나물 반찬보다
식사 후 입가심용 과자 쪼가리에 열광하는 것은
디저트가 나물 반찬보다 계산이 치밀하게 짜였기 때문이다

박력분 200g 버터 100g 달걀 1개 사과 6개 설탕 50g 버터 50g
1. 곱게 체 친 밀가루에 깍둑썰기 한 버터를 넣고 손이 닿지 않게 주걱으로 다지듯 섞는다
2. 달걀을 넣어 가볍게 뭉쳐 준 뒤 냉동실에 넣어 1시간 이상 휴지시킨다
3. 사과 3개를 잘게 썰어 분량의 설탕과 버터를 넣고 약한 불에 졸인다
4. 차가워진 반죽을 꺼내 덧가루를 뿌려 가며 밀어 준다

5. 틀에 반죽을 넣고 포크를 이용해 바닥을 두드려 준 후 가장자리에 모양을 만든다
6. 오븐에 180도로 약 20분간 구워 낸다
7. 파이 속을 졸인 사과로 채우고 나머지 사과 세개를 얇게 썰어 표면에 둘러 준다
8. 사과 표면이 노릇해질 때까지 다시 굽는다

정찬에 올라오는 찌개 반찬에 비해
너무도 짧게 비춰지는 스포트라이트

식탁 위 대미를 장식할 무희가 되기 위해 인내했을 몇 시간
목적을 다 채운 그들을 유혹하기 위해
더욱 매혹적인 팜므 파탈이 되어야겠지

오늘 저녁도 부드러운 애플파이에 홀려 자리를 뜨지 못한 채
옆구리에 뒤룩뒤룩 찔 살을 담보로 포크질을 하고 있다

도시의 역사力士

좁은 헬스장에서 호흡하는 신세대 크로마뇽인들
문명 발달로 진보한 뇌에 비해
둔탁하게 퇴보해 가는 몸뚱아리들아 저들을 보아라
너희가 갈망하는 아름다운 땀과 건강한 육체를

욕심 없이 1에서 20까지 한정된 숫자를 되세어 가며
한계를 인정하고 최대치에 도전하는 현대의 다비드상들
나약한 마음 흔들리는 스스로와 타협하지 않으며
배를 채우려는 어리석음에 자신을 속이지 않는
진정한 이 시대의 도인들이여

몸에 새긴 삼두계곡 대퇴골짜기로 흐르는 땀방울을
더럽다 하지 않고 산들바람 인사로 맞이하는 아량
갖추지 못한 자들의 시기 어린 눈초리에 우쭐하지 않고
오로지 자신의 목표에 용맹 정진하는 도시의 역사
力士들이여

어른 커피

꼬마 몇,
호르륵 설탕 범벅 커피를 홀짝인다
모올래 맛보는
어른 세상이 달기만 한가

녀석들은 알까?
단내 폴폴 풍겨도
커피 잔 속은 시커먼 먹물세상
도가니 속이라는 것을

텔레비전 켜 놓고 잠드는 밤

1
만원버스에 시달리고 상사한테 쪼들리던 하루
일과를 끝내고 집에 와 소파에 길게 누우니
뉴스도 드라마도 끝나고 토크쇼만 한창이다

진행자를 중심으로 앉아 있는 게스트들은
그들 무대에서 화려한 조명 받으며
사랑 가요를 열창하던 그 사람들 아닌가
목청껏 멜로디를 뽑아내며 좌중을 압도하던 카리스마는 어디 가고
프로에 나와선 어리광을 부리고 눈물을 보이고 허풍을 떨어 댄다
깨지지 않을 것만 같던 아우라는 내 웃음과 함께 신기루로 사라진다

2
나에겐 절대 호의를 보이지 않을 것 같던
끝이 없는 업무, 뭐든 다시 해 오라 닦달하는 상사,

빈칸 가득한 서류, 동료에게 껍질처럼 치이다가
소파에 드러누워서 보는 예능 프로그램

진행자 앞에서 당황스런 표정을 감추지 못하는
이 시대 명가수의 입담과 방청객 웃음소리 자장가를
들으며 잠이 든다
잠결에 게스트의 얼굴 위로 상사의 면상을 확 찢어 붙여
으하하 혼자 웃다가 나도 몰래 스르르 잠이 든다

별빛 지도를 따라 밤길을 가다

언제부터 밤에도 땅이 하늘보다 화려했던가
어머니 저고리 금박 박힌 별빛을 가로등 삼아
그림자 끌며 집으로 돌아가던 시절도 있었고
큰곰자리 하나 작은 곰 한 마리 앞세워
길눈 밝히며 쏘다니던 때도 있었더랬는데

빛나는 발전에 발전이 발광으로 눈이 부셔
놀란 북두칠성은 이불을 뒤집어쓰고 밤새 울었다
별 하나에 추억과 별 하나에 사랑을 다정하게
이름 붙이고 속삭이던 이들을 그리워하며
곰 두 마리는 서로 껴안고 까맣게 흐느끼고 있었다

별자리를 못 믿고 맹신했던
첨단 GPS에 속아 본 일은 없었던가
가슴의 별자리는 못 찾고
머리만 굴리던 때는 잊어버린 건가
머리 숙여 지난날을 되밟아 보는
여유는 언제 찢어 버렸나

고개 들어 하늘 별자리를 헤아려 길을 찾던 시대는
흐려진 별빛과 함께 소리 없이 스러져 버렸나

하늘은 점점 어두워지고 별을 찾는 게 힘이 부친다
달 하나만 덩그러니 남은 하늘에서
별빛은 어디 갔냐고 묻는 아이에게
별님이 부끄러워 숨었나 보다 말해 주고
왜 내 얼굴은 뜨거워지나
별빛 찾기에 포기 않는 아이의 눈만 반짝거린다
아이의 두 눈빛이 호수처럼 맑게 깊어만 간다

하늘마음을 훔치다

1
새벽엔 희뿌옇게 낮엔 새파랗게
밤엔 까만색으로 물결쳐도
하늘은 하늘이다

비단구름 먹구름 가득 차도
해가 뜨고 달이 져도
하늘은 언제나 하늘이다

어디고 간에 언제든지 고개를 들면
하늘 눈동자와 마주친다

2
변외와 변질 사이에서 고민하는
내 발걸음이 부끄러워 고개를 우러르면
말없이 머리를 숙인 하늘이 나를 내려다본다

비바람 천둥번개가 몰아쳐도

누구나 하늘이라 부르는
그대의 하늘이 있다

시간의 뒷덜미를 찰칵 사냥하다

쏜살같이 달려가는 나무와 숲의 떼거리들
바다하늘에서 파랑 치는 구름 패거리들
내 옆자리 잠을 청하는 벗의 숨결에 묻혀
내가 어딜 향해 가고 있는지 잠시 잊는다

무엇에게 쫓기지 않고 가고픈 어디를 향해 가는가
카메라 총부리를 겨누어 순간을 찰칵 사냥한다
행복한 기분은 총알을 피해 요리조리 도망치는 토끼 무리
그곳의 냄새, 느낀 햇살을 어찌 잡아 둘 수 있겠나

쥐면 녹아내리는 아이스크림 기억을 담아 두고 싶다만
내 눈을 대신할 뾰족한 첨단기술 없음이 오히려 뿌듯하다
두 번 흐르지 않는 시간의 강물
다시 창밖을 내다보며 지금을 두 눈망울로 인화해 간다

이별직감

서로 안다
다시 결합할 수 없음을
설사 화해하고 용서해도
또 이리 될 것을 둘은 안다

선뜻 연락하지 못한 며칠 사이

성심성의껏 치료해 줬던 환자를
눈앞에 두고 사망선고를 내리지 못하는
겁쟁이 레지던트가 되어 버린다

머리에 꽃 달고
— 기호에 대한 명상 별표*

미쳐서 머리에 꽃 달아야 바른 말 바르게 할 수 있는 습자지 저 종이 위 세상

삼류 인생의 롤모델

백수 몇 명, 한 칸 방에 모여 있다
세상 모든 빗방울이 이들 뒤통수를 내리 째린다
꼴에 내장은 붙어 있다고 배가 고프다
비 오는 날엔 부침개가 최고라며 구색 맞춰 부쳐 본다
젓가락 쌍쌍들이 바싹한 가장자리를 쪼아 대고
입을 데서, 몹시도 맛있어서, 딸꾹질이 나서
눈가에 빗물이 촉촉하다
묽은 콧물 한번 훌쩍 들이마시고 눈치 보며 젓가락
을 내려놓는데
부침개 한가운데 똥그랗게 남았다
세상 모두가 탐내는 그 핵심이 멸시당하다니!
통.쾌.하.다
질척한 부침개 남은 찌꺼기에서
이젠 구미가 당기지 않는 백수들,
삼류 가장자리 중에서도
부침개 가장자리 바싹이가 되겠다며
콧물 다시 꾸울꺽 삼킨다

내가 앵두 잼을 만드는 이유

1

빨간 앵두가 수다스럽게 열렸다
6월 한가운데 앵두나무
한 알 한 알 일일이 손으로
응수해 주기 힘들 정도로
나무 아래에 넓게 그물 치고 있다
장대로 가지를 탁탁 터니
그 많은 열매가 후.두.두.두.둑
장대비로 쏟아진다
시원섭섭 떨어져 내린다

2

털 땐 신이 나서 몰랐는데
시커먼 버러지들도 함께 털린다
단물 빼먹는 벌레들이 꼭 누구 같아 보이고
조용히 당하는 앵두는 또 누구 같아 보인다
나무에 붙었을 땐 하나로 보이던 것들이
떨어지고 나니 이렇게 구별될 수가!

한 그루 앵두나무 안에서 이런 음모가
보이지 않게 일어나고 있다니
저 몹쓸, 버러지 녀석들!
그간 앵두의 속앓이를 생각하여
오늘의 뜻이 쉬 잊히지 않게
달콤함과 서운함을 섞어서 잼으로 만들어 담아 논다

인스턴트 휴식

컵라면이 허락하는 3분 명상, 극락과 사바를 넘나든다

콩고기

육식을 갈구하는 채소의 식물성 욕망이 동물꽃으로 피어난다

제4부

벌써부터 미래가 그립다

모르는 번호로 걸려 온 전화
이번엔 누가 날 낚으려는 수작인가
혹시나? 생각에 귀에 가져 댄다

의심스런 전화벨 소리는 코흘리개 적 친구
한 계절 지나서 꺼내 입은 외투 주머니
만 원 지폐를 찾았나, 오랜만의 횡재!

굴러가는 두루마리 휴지처럼
추억 한 묶음, 근황 한 다발을
굽이굽이 풀어내며 하루 한 허리에 별을 띄웠다

완벽하지 못한 인간의 기억력
그런 서로에게 서로를 다시 기억하게 하면서
우리는 그날 그때를 되새김질해 보았다

끊어졌던 연락, 서운함을 털어 버리고
서로가 너의 추억이 되리라 약지 걸었다

벌써부터 미래가 그립다

차가운 4월, 아 추운 그리움

해와 달의 체온이 너무 먼 4월

아침 해만 보고 얇게 걸친 외투 때문일까
동동동 발을 굴러 가며 서두르는 귀가길
이렇게 멀었나 싶기 만한 지하철역

—아차차 아깝다
열차 꼬리가 멀어져 간다
저놈 계단만 없었어도 잡을 수 있었는데

다음 열차 기다리며 외투 부리 모아 쥐니
지나간 열차 안에 탔을 그 사람이 그리워진다
얼굴도 나이도 모르지만 당장에 필요한
네 손에 묻어 있었을 따뜻한 그 체온이 아쉽다
—아 춥다

곧 도착할 열차에 가득할 온기를 기대하며
기억에도 없는 네 체온 이제 그만 따라가야지

이번 열차 안내하는 방송 기적 소리에
구겨진 외투 부리를 반듯이 편다

실뜨기 건널목
― 기호에 대한 명상 등호 =

꼬맹이 둘 마주 앉아
양손 엄지 검지 손가락 팽팽히 걸고
펼쳐 놓은 하얀 건널목

실 가닥 접었다 펴고 잡았다 놓고
너도 나도 오기 부리지 않고
거미줄이 바둑판 되고
바둑판이 순간마다 우산살 된다

엉킬락 말락 설킬락 말락
모래 때 낀 손톱에서
알알이 땅콩 웃음 통통 튄다

손가락에 다리처럼 걸어 놓은 등호 사이는
내캉 네캉 술래 없어서
하얀 얼굴 똑같이 햇살이 된다

상추씨 고마워

학기 초 땅 녹을 즈음,
우리 반 아이들 표정 좀 녹여 줄까
학교 화단 틈바구니에 상추씨를 뿌린다
언 땅의 어깨를 주물러 준다 살살

중간고사 끝나니 성적표 자랑하듯
상추 녀석 제 턱을 한 뼘만치 치켜든다
아닌 척하는 꼴찌가 물 조리개를 몰래,
깍쟁이 거울공주는 사진을 찰칵,
피딱지 쉴 날 없는 말썽쟁이는 꽃삽으로 슘음슘음

친구 귀 빌려 두 손 뻗는 상추 앞에 서서
독기 품은 만년 2등도, 비밀쟁이 지각대장도,
급식실 반찬 도둑들도 상추의 초록 이야기 들어 주고
여린 어깨를 빌려 준다

아이들이 상추를 키웠는지 상추가 우리를 키웠는지
양푼 가득 비빔밥으로 끝까지 우리 반 웃음꽃밭
만들어 준 상추씨 고마워 정말

언니언니 네일숍

주인도 언니
손님도 언니
어려도 언니
처음 봐도 언니

열손가락 가득가득 꽃피는
언니들의 사랑방

억울해

다 컸는데도 마냥 애 취급당한다
내 이름은 애호박
멋지게 자란 배추인데도
너는 죽을 때까지 그저 얼갈이

네 아빠? 우리 아빠!

이러구러 여차저차
나랑 아빠 단둘이 떠나는 여행
여행가방 꾸리는데
세모눈 치켜뜨고 엄마가 지켜본다

―아빠랑 둘이 가서 좋겠다?
우리 아빠도 여행 참 좋아하셨는데

―부럽지♪ 부럽지♪ 부럽지♪
메롱 메롱 약 오르지 까꿍에
엄마는 늙은 딸 되어 마른 눈물만
목구멍 안으로 밀어 넣고 있다

짜증 난다 짜증 나

더워죽겠는데 사람들 쪄 죽는다, 한껏 멋 부리느라고
블라우스 입겠다고 탑 받쳐 입고
격식 운운하며 넥타이 조여 여름을 묶고 있다
땀띠 날 각오하고 목이며 팔에 금붙이는 주렁주렁
발에 피는 곰팡이 따위쯤이야
구두굽 소리에 경쾌하게 날려 버린다

비단결이라도 필요 없다
보는 사람도 덥게 만드는 치렁치렁 긴 생머리
시원하게 묶어 버리면 안 되나
이렇게 더운 날은 정장 안 해도 되는 회사는 없나

사랑하는 사람과의 팔짱도 짜증 난다 짜증 나
옆 사람 콧김도 후텁지근 끼쳐 오는 8월 한낮
가만히 서 있기만 해도 턱 끝에 땀방울이
대롱대롱 매달리는 35도 땡볕 아래

할머니 따라 마실 나온 벌거벗은 갓난쟁이 아랫도리
가 그저 부럽다

마카롱 그대 때문에

허옇게 밀분으로 요란하게 치장한 쿠키
―가소롭기 그지없다
휘휘 날리는 가벼운 주둥아리로
처자들의 환심을 사려는 네까짓 것들은
무쇠 낯짝의 뻔뻔한 천출일 뿐

고소한 아몬드파우더로 점잖게 앉은 마카롱
―그대, 어디서 오셨는가
함부로 오븐을 향해 달려가지 않고
겸손한 자태로 과묵함을 잃지도 않는 당신은
역시나 프랑스 혈통의 귀족이신가

앙다문 그대의 도도한 입술 앞에서
약한 의지를 꺾을 수 없는 나는
흑심을 품은 시커먼 돼지, 돼지의 모습일 뿐

더 이상 참을 수 없는 식욕으로
마카롱 그대의 순결을 탐하노니

내 혀끝에 닿는 이것은
선녀의 손길인가 천사의 살결인가

시도 때도 스피드 퀴즈

얘! 그거 있잖아…… 그거 뭐야……
저거 할 때 이렇게 나오는 거……
어…… 아 진짜 생각 안 나네……
그거 말이야! 그거!

대화 중에 시도 때도 없이
기습하는 스피드 퀴즈
그거 저거 지시어만 사용하는데
용케 맞춰서 대화 잇는다

출제자도 응시자도 답답하긴 매한가지
문제 풀 땐 그토록 조급했지만
맞추고 나면 상품으로 기다리는
뚫어 펑 웃음

할아버지도 친구도 선생님도
나이만큼 지시어 넣어 문제 낸 후,

힌트 넣는 걸 까먹은 기억력을
불안해하는 스피드 퀴즈

째깍째깍 맞추는 맛이 짭짤한 스피드 퀴즈
너랑 나랑 얼마나 잘 통하나 간도 볼 수 있는
짜릿짜릿 우리들의 스피드 퀴즈

—기억력 걱정 마서, 내가 다 맞춰 드릴게

비 · 유리창 · 맺힌

누구의 입술이기에
이리도 촉촉할까
무수히 찍힌
립스틱 자국

야밤의 유혹

밤이 되면 왜 그리 더 새빨갛게 내 혓바닥을 잡아끄는지, 저 라면 봉지가

바다 캔 커피

자판기에서 뽑은 캔 커피
소라고둥이 운다
안개같이 답답한 주먹에서
등대 불빛 한 줄기 시원함이 절어 온다

탁, 캔 꼭지를 따는 순간
스촤—아 ㅏ ㅏ ㅏ
절벽에 부딪혀 오는 파도 소리
사금파리 파도가 밀려와
귀에 박힌다

퇴화된 지느러미로 아스팔트를 밟고
육지 끝에 마주하여
바다를 그리워하는 사람 하나

그렇게 몹시도 바다가 그리워
별빛을 등대 삼아 밤을 하얗게 밝히는가
오늘도 나는 자판기에서 조개껍질을 박아
캐낸 캔 커피로 파도를 마신다

성깔도배

다 알면서도 이사를 했다
빈틈없이 나무 덩굴 무늬가 가득한 집으로

이사한 밤, 피곤에 절은 몸을 누이고
눈 감고 자려는데 깜깜한 와중에 보이지도 않는
나무 덩굴 잎사귀가 내 목을 조른다

동이 트자, 새하얀 벽지가 둘둘둘 내 몸을 감고 있다
풀 먹은 벽지가 울면 나도 울고
얇은 허리가 찢어지니 내 가슴도 찢어진다

성에 안 차던 내 좁은 방 한 칸이
하이얀 가능성으로 숨길을 틔웠다
이젠 한밤중 어둠이 무섭지 않다

새벽 아스팔트 길을 걷다

새벽 가로등만 수직으로 아스팔트를
내리찍으며 고요를 부순다
횡단보도 초록 빨강 신호가 무안하게
차 한 대 지나지 않고
주황선 한가운데 비둘기 두엇
날아들어 아스팔트를 쪼아 댄다
대로변에 늘어선 법무사 사무실이 필요 없겠다 싶은
새벽 5시

첫차를 타려는 사람과 첫차를 운행하려는 사람이
엇갈리고
첫 문을 열려는 사람과 첫 문을 열어 주려는 사람이
교차하는데
이들을 보려는지 아침 해가 슬그머니 고개를 쳐든다
해가 두 눈을 치켜뜨자 온갖 것들이 다 비춰 보인다
주황 선을 쪼아 대던 비둘기 둘은
돌진해 오는 차바퀴 소리에 놀라 푸득푸득 날아오르고

태양은 결국 법무사 사무실이 없어도 떠오르는 새벽을 감상할 뿐
몇 마리 비둘기만이 새벽의 속삭임을 엿듣고 있다

손가락 칼국수를 맛보며

친구가 근처에 맛집 있다며 손가락 칼국수 먹으러 가자 한다
응? 칼국수, 간판이 뭔데? 사랑방 칼국수?
그 누구도 사랑방 칼국수라 부르지 않는다는 친구의 한마디
왜 그럴까? 왜 그렇지? 궁금증이 면발로 늘어난다

칼국수가 손가락만 한가? 국수가 손가락을 닮았나?
이때 마침 냄비 한 솥 들고 성큼성큼 다가오는 사장님
가스 불 땡겨 올려놓으며 그릇그릇 퍼 주는데

아하!!!
엄지손가락 푹 담가 손맛 진미곰국으로 우려내는
사장님의 노하우

하늘 지퍼를 풀다

눈비로 찾아드는 꽃샘추위에
사람들 겨울 코트 다시 입는다
속살을 탐내는 송곳바람의 끝이
여미지 못한 목덜미를 파고든다

바람눈총 피하려 코트 지퍼 잠가도
어디선가 느껴지는 얼음눈빛에
눈썹 지퍼도 힘껏 잠그고
꽃샘 눈길 피해서 총총 바삐 걷는다

제비는 봄이 온다고
금방 돌아오고 있다고
하늘 지퍼 채웠다 풀었다 하며
꽃눈 물고 날아오는데
우린 언제쯤 눈썹 지퍼 흐리워
반가이 미소 지을 수 있을까

우리의 신년회

아 춥춥추운 언 밤을 깨치고 너희를 만나러 간다
그리던 얼굴들과 한잔 술을 기울이면
누렁이 뜨거운 콧김이 무릎을 데우듯
아버지 시루떡 손바닥이 목덜미를 쓸어 준다
한겨울 얼음 미간을 풀어 놓는다

목구멍부터 따뜻해 오는 마음은
얼어 터진 헛바닥을 녹인다
이야기가 풀려나고
저절로 웃음꽃이 피어난다

너털웃음도
웃슬픈 미소도
한데 어우러져 용광로 불길을 지핀다

터지고 밟힌 어둠의 시절을 불살라 버리고
이 젊음 그대로 새로워지자고
1일부터 시작하면 된다고
불타오르는 건배로 잔을 높이 추켜올린다

■ 작품 해설

긍정과 절제, 그리고 발랄의 시학

김 재 홍
(문학평론가 · 경희대 명예교수)

1. 발랄과 경쾌 또는 절제의 아름다움

 조수윤의 시는 청신하다. 그러면서도 그녀의 시에는 유리구슬처럼 통통 튀어 오르는 발랄하고 경쾌한 젊은 리듬이 살아 숨 쉰다. 또한 젊은이만이 가질 수 있는 긍정과 거침없는 감정의 발산이 귀엽고 생기 있어 시를 읽는 이로 하여금 덩달아 기분을 밝게 해 준다. 그러면서도 감정의 과잉이나 과장이 눈에 띄지 않는다. 약간의 우려를 안고 다음 행을 읽다 보면 어느새 자신의 감정을 추스르고 있다. 연륜이 오래된 사람에게서도 찾아보기 어려운 적절한 금도나 절제가 그녀의 시에는 자리 잡고 있다. 대학을 갓 졸업한 젊은이의 숨결이라고는 도저히 믿을 수 없는 성숙함이 느껴진다는 뜻이다. 그렇다고 그녀의 시가 겉늙었다는 것은 아니다. 출렁이는 자신의 감정을 다스릴 줄 알고, 어떤 상황에서도 흥분을 가라앉히고 차분히 사물을 응시하며 타인에 대한 깊이 있는 이해의 자와 각을 갖다 댈 수 있는 성숙한 자질을 가지고 있다는 뜻이다. 알아들을 수 없는 요설과 난해한 현학적 말장난이 젊음의 특권인 양 판을 치는 요즘 세태 속에서 조수윤은 그러한 유행에 쉬 경도되지 않고 시가 가지고 있는 본질적인 절제의 특징을 잘 섭수해 나가고 있다. 이 점은 바로 그녀의 시적 능력과 자질을 믿게 만드는 부분이기도 하다. 그러면 조수윤의 이러한 시적 동력은 어디에서 온 것일까?

그녀의 시에는 할머니, 특히 외할머니가 자주 등장한다. 아마도 어린 시절 직장생활을 하는 어머니 대신 그녀의 외할머니가 그녀와 시간을 많이 보낸 것 같다. 이 점은 그녀의 여러 시편들에서 확인해 볼 수 있다. 예를 들어 「할머니와 목욕탕 가다」, 「가족시계」, 「콜라모녀」, 「할머니 브라자」 등이 그것들이다. 그러면 위의 시들 중 한 편을 읽어 보자.

> 할머니의 우스갯소리 따라
> 연중행사처럼 목욕을 간다
>
> 세월의 약력을 가리우는 옷가지들을
> 한 겹 한 겹 벗을 때마다 읽어 내릴 수 있는
> 할머니의 고생길 굽이굽이

소맷부리에 숨어 있던 화상 자국과
살이 뭉개져 늘어진 젖가슴에는
사남매의 미소가 새근새근 밀물져 온다

탕에 들어가 몸을 불리며 묵은 때를 밀어낸다
코흘리개였을 적 머리부터 발끝까지
할머니께 몸을 맡겼던 기억에 기대어
등을 내어 드리는데, 갈대가 쓰다듬듯
연약한 느낌이 서글퍼 눈이 아리고 맵다
자리를 바꿔 등을 밀어 드리려는데
때는 안 보이고 척추뼈 마디마디 성성한
늙은 개의 굽은 등성이만 보인다

목욕 마치고 개운한 기분으로 할머니랑
짜장면 곱빼기 먹을 생각에 목이 멘다
—「할머니와 목욕탕 가다」 전문

  이 시에는 할머니와 손녀딸의 따뜻한 교감과 은밀한 소통, 그리고 말 없는 육친애가 매개되어 있다. 손녀딸은 할머니에게 등을 내드리고 또 할머니 등의 때를 밀어 주면서 할머니의 지난 삶을 제 것처럼 느끼며 반추하고 있다. 머리부터 발끝가지 온몸을 맡길 정도로 믿음직하고 든든한 의지처였던 할머니, 척추뼈 마디마디 성성하고 그 든든하던 손은 그러나 이제 힘줄만 도드라져 갈대줄기처럼 연약해졌다. 늙은 개의 굽은 등 같은 할머니의 모습을 바라보며 손녀딸은 서글프고 마음이 아려 목이 멘다. 할머니의 쇠약해진 모습 속에서 손녀딸은 세월이 무상하다는 것, 곧 인생의 허무를 깊이 있고 섬세하게 읽어 내고 있다. 생에 대한 천착이라 아니할 수 없다. 그만큼 조수윤의 시는 농익어 있다는 뜻이 되겠다. 그러면서도 젊음의 패기와 자유로움을 잃지 않는 발랄함이 살아 있어 시를 읽는 재미를 더해 준다.

2. 소외와 열등감 넘어서기

왠지 예뻐 보이고 싶은 날
예뻐지고 싶은 만큼 구두 굽을 높여 신는다
각선미를 위해서 7센티, 12센티 심지어
계단 한 칸 15센티도 상관없다

줄타기 곡예사도 이런 기분이었을까?
보도블록에 굽이 낄세라
중심을 잃고 나뒹굴어질세라
조심조심 걷다 보니 어느새 하이힐 제한시간

신데렐라의 유리구두 한 짝이 벗겨진 것은
마법이 풀릴까 봐 서둘렀기 때문도
왕자와의 만남을 기약하기 위해서만도 아니다
다만 새 구두 때문에 생긴 아픈 물집 때문!

어금니 꽉 깨물고 앞꿈치 고통을 참아 내며
내 각선미, 내 스타일, 내 자존심을 지키고 싶다

사뿐사뿐 하이힐 신고 귀부인처럼 걷다가
도둑고양이처럼 화장실 변기 위에 숨어들어 앉아
체중을 못 이겨 물집 잡힌 발을 주무른다

재투성이 아가씨도 유리구두로
왕비가 됐다는 해피엔딩을 즐거이 상상하며
아무 일 없다는 듯 구두에 아픈 발을 쑤셔 넣는다
—「신데렐라 족쇄에 갇히다」 전문

경쾌하고 재미있는 발상이 아닌가? 독자들은 시를 읽으며 아마 저절로 입가에 미소를 떠올렸을지도 모를 일이다. 젊은 여성이라면 누구나 한번쯤 경험해 봄 직한 내용이기 때문이다. 어린 시절 소녀들의 마음을 들뜨게 했던 신데렐라의 낭만적 환상을 확 깨뜨려 버리고 있지 않은가? 조수윤은 이제 꿈을 꾸는 어린 소녀가 아닌 것이다. 이른바 낭만적 아이러니 romantic irony, 지극히 과학적이고 냉정한 현실만이 그녀의 의식을 지배하고 있다. 결국 "신데렐라의 유리구두 한 짝이 벗겨진 것은/ 마법이 풀릴까 봐 서둘렀기 때문도/ 왕자와의 만남을 기약하기 위해서만도 아니다/ 다만 새 구두 때문에 생긴 아픈 물집 때문!"이라는 이 기발한 발상은 현대를 살아가는 요즘 젊은이들의 현실 인식을 보여 주는 단적인 측면이라고 해도 과언은 아니다. 요즘 젊은이들의 내면 풍경을 단적으로 보여 주는 모습이 아니겠는가 말이다.

젊은이가 꿈을 꿀 수 없는 세대, 대학교를 졸업한 후에도 자신이 원하는 직업이나 직장을 갖기에는 하늘의 별 따기처럼 어려운 시대를 살고 있는 시인의 의식세계도 결국 은연중에 꿈꾸기를 포기하고 있지 않는가 안타깝기만 하다. 그러나 그것은 기우일 뿐이다. "재투성이 아가씨도 유리구두로/ 왕비가 됐다는 해피엔딩을 즐거이 상상하며/ 아무 일 없다는 듯 구두에 아픈 발을 쑤셔 넣는다"는 구절을 보면 헛된 걱정일 뿐이라는 것을 알 수 있다.

조수윤은 이미 왕비가 되는 꿈을 넘어서고 있다는 뜻이 된다. 재투성이 아가씨도 자신의 발에 물집이 잡히게 하는 유리구두를 통해 결국은 왕비가 되었듯이 언젠가 조수윤 자신의 유리구두 즉, 자신의 내면을 지배하고 있는 어떤 잘못된 자만심과 열등의 요소들을 극복하고 언젠가는 나름대로 입신하리라는 당찬 꿈을 꾸고 있는 것이다. 그래서 다시 아무 일 없다는 듯이 아픈 발을 구두에 쑤셔 넣으며 정신의 위기를 극복해 나아가고자 한다. 앞으로 조수윤의 시적 행보를 기대해 보아도 좋으리라 하는 믿음이 든다.

3. 애잔한 인간애와 따스한 휴머니티

—커튼 처라 반찬 짜다 답답하다 시끄럽다 병석에서 트집쟁이 되신 철없는 우리 할머니

감자 반찬이 맘에 안 드신다며
수미감자로 다시 해 오라는 투정 말씀에

시장으로 도망치듯 벗어나는 엄마와 나

―우리 엄마 원래 안 저러셨는데…… 잘해드려야 하는데…… 어쩜 좋아 나 못된 딸인가 봐…… 나도 할머니 돼서 할머니같이 되면 어떡하니? 그래도 미워하지 마 응?

할머니 되려면 한참 먼 엄마는 벌써부터 걱정투성이

―괜찮아 괜찮아 엄마가 할머니 됐을 땐 나도 엄마 같은 엄마가 돼 있을 거야…… 지금보다 서른 살쯤 더 먹어서 그때 되면 김빠진 콜라처럼 덜 쏘겠지 하하
―푸하하 야 콜라 김빠지면 맛없어~ 맛없는 소리 말고 감자나 골라!

엄마 한숨 웃음으로 걸러 놓고
할머니 심술같이 예쁜 감자
수미수미 골라 산처럼 담는다
―「콜라모녀」 전문

이 얼마나 따뜻하고 애잔한 모녀간의 대화인가? 할머니, 어머니, 딸 삼대의 이해와 조정, 균형과 공생, 그리고 이해와 연민의 모습이 애틋하고 아름답게 발현되고 있기 때문이다. 사람은 누구나 태어나면 자라고 성장하여 어른이 되고 그러다 노인이 되고 결국 소멸의 길을 가게 된다. 그것이 우리 인생에게 주어진 숙명이고. 누구나 어쩔 수 없이 걸어가야 하는 동심원의 궤적, 그것에서 자유로울 수 있는 사람은 아무도 없

다. 세상을 쥐락펴락하는 지도자건 세계 제일의 갑부건 간에 생로병사에서 자유로울 수 없는 것이 인간의 슬픈 운명이기 때문이다.

그러나 어떤가? 젊은이는 언제까지나 젊을 것처럼 생각하고 자신에게는 영원히 늙은 시절이 오지 않을 것처럼 자신만만하지 않는가? 그렇지만 신은 누구도 그대로 내버려 두지 않는다. 누구나 노인이 되고 힘이 없어지면 생활전선에서 밀려나게 되고 그러면 자연히 가족으로부터도 소외되게 마련이다. 이것은 슬프지만 거부할 수 없는 자연도태 Natural Selection 라는 과학적이고 냉엄한 현실을 살고 있다. 그러한 세대를 살아가는 시인의 가족에게선 그러나 조금도 그러한 소외의 모습이 노골적으로 보이지 않는다. 위의 시는 그것을 단적으로 보여 주고 있어 주목을 환기한다. 반찬 투정하는 할머니를 귀찮다 책망하지 않고 좀 더 잘 살펴드리지 못하는 자신을 오히려 속상해하는 엄마, 그리고 그런 엄마를 위로하며 웃음 짓게 하는 딸, 이런 가족애, 인간애의 모습이 우리 사회가 앞으로 지향해 가야 할 바람직한 가족상, 나아가서 인간관계가 아닐까 생각해 보게 된다. 또한 어떤가? 콜라처럼 톡톡 쏘는 딸이 마냥 싫지만은 않은 엄마, 콜라가 톡 쏘는 맛이 없어지면 콜라가 아니라고 하는 딸아이의 역정도 즐겁게 받아넘기는 모녀간의 티격태격하는 모습이 앙증맞고 아름답게 느껴지는 것은 이 시의 매력이고 조 시인의 미래 가능성일 것이다.

조수윤의 시에는 유난히 가족들이 많이 등장한다. 가족이라야 아빠, 엄마, 그리고 할머니지만 그녀가 아직 대학을 갓 졸업한 미혼의 젊은이고 보면 그의 경험의 한계일 수도 있다. 그러기에 이제는 그것을 넘어서서 그녀를 둘러싼 사회 구성원 간의 넓고 깊은 사랑에 더 관심을 가지고 이러한 인간애, 인류애를 확대하고 실천해 나아가야 하리라.

4. 생명 사랑의 새 지평을 향하여

그러면서도 조수윤의 시는 또 다른 가능성을 보여 주어 관심을 끈다.

> 이러구러 여차저차
> 나랑 아빠 단둘이 떠나는 여행
> 여행가방 꾸리는데
> 세모눈 치켜뜨고 엄마가 지켜본다
>
> ―아빠랑 둘이 가서 좋겠다?
> 우리 아빠도 여행 참 좋아하셨는데
>
> ―부럽지♪ 부럽지♪ 부럽지♪
> 메롱 메롱 약 오르지 까꿍에
> 엄마는 늙은 딸 되어 마른 눈물만
> 목구멍 안으로 밀어 넣고 있다
> ―「네 아빠? 우리 아빠!」 전문

딸과 아빠가 즐겁게 여행을 준비하는 모습이 눈앞에 그려

지는 사실적인 시 아닌가. "—부럽지♪ 부럽지♪ 부럽지♪/ 메롱 메롱 약 오르지 까꿍에" 함께 동행할 수 없는 엄마를 놀려 대는 유쾌하고 다복한 한 가정의 모습을 눈앞에서 보고 있는 것 같다. 적절한 반복과 음표 활용, 그리고 의태어를 적절히 사용하여 시적 효과를 극대화하면서 여행 전날의 분위기를 한층 고조시키고 있다. 경쾌하고 발랄한 조수윤의 매력이 마음껏 발산된 시의 한 예라 볼 수 있다. "마른 눈물만 목구멍으로 삼키는" 엄마를 보는 것이 슬퍼 보이는 것이 아니라 역설적으로 귀엽고 즐겁게 느껴진다. 조수윤의 의외의 기발한 스펙트럼을 통과한 현실은 이렇게 밝고 건강한 역설을 통해 진실을 꿰뚫어 보는 모습으로 우리 앞에 직팝해 오고 있다. 어둡고 우울하고 싶어도 그렇게 할 수 없게 만드는 긍정적 세계인식 필름의 여과막이 그녀의 시에는 작용하고 있다는 뜻이 되겠다. 따라서 앞으로 우리는 그녀의 시가 나아갈 방향성이 어떠하리라는 것을 미루어 짐작해 볼 수 있다.

5. 맺음말

조수윤 시인은 어떤 인연으로 대학 1학년 겨울 무렵부터 시를 공부하고자 하는 뜻있는 분들을 위해 필자가 사적으로 열고 있는 시학교실에 5년 가까이 성실하고 진지하게 참여해 왔다. 그녀는 젊고 건강하면서도 성실하고 꾸준히 시를 공부해 왔다. 필자가 재직해 온 대학의 어떤 재능 있는 젊은이 못

지않은 자질과 능력을 지녔으며 그것을 조직적으로 절차탁마, 연마하고 있음을 볼 수 있다.

  조수윤 특유의 건강하고 신선한 시정신과 발랄한 위트, 그리고 금도와 절제의 미학이 보다 넓은 인간 사랑, 생명 사랑으로 확대되고 심화돼 간다면 그가 개성 있고 능력 있는 시인으로 성장해 갈 것을 확신한다. 각고와 정진을 기대한다.

시인 조수윤

1989년 11월 서울 출생
2010년 10월 제6회 박인환 추모 전국대학생 문예공모전 대상 수상
2013년 2월 경기대학교 서울캠퍼스 국문과 영문과 졸업
2013년 9월 계간 『시와시학』 가을문예 신인 당선

코골이 행진곡

지은이 | 조수윤
펴낸이 | 김재돈
펴낸곳 | 도서출판 시와시학
1판1쇄 | 2013년 10월 10일
출판등록 | 2010년 8월 10일
등록번호 | 제2010-000036호
주소 | 서울 종로구 명륜동1가 42
전화 | 744-0110
FAX | 3672-2674
값 8,000원

ISBN 978-89-94889-58-0 03810

* 저자와의 협의에 의해 인지를 생략합니다.
* 잘못된 책은 바꾸어 드립니다.